Angelika Kipp

# Basteln mit den Allerkleinsten

Frech-Verlag Stuttgart

*Wichtige Tips zum gemeinsamen Basteln*

## Übertragen eines Musters

Sie können das Muster vom Vorlagenbogen durchpausen. Am einfachsten ist es jedoch, wenn Sie ein Transparentpapier (evtl. auch Butterbrotpapier oder Backfolie ohne Aufdruck) über das Muster legen und es mit einem weichen Bleistift nachzeichnen.
Anschließend legen Sie das Transparentpapier umgedreht auf die Rückseite des jeweiligen Bastelpapiers und fahren die durchscheinenden Linien noch einmal nach. Dabei wird der Bleistiftstrich vom Bogen auf das Bastelpapier abgedruckt.
Nun können Sie die Teile ausschneiden.

## Farben

### Wasserfarben

Man sollte die Farbtöpfchen z. B. auf einen Bierdeckel kleben, damit die Kinder lernen, erst einmal mit den einzelnen Farben umzugehen. Dies hat auch den Vorteil, daß die Farben beim Malen schön klar bleiben. Wasserfarben sind einzeln in klein und groß erhältlich.

### Wasser

Das Wasser für die Wasserfarben füllt man z. B. in einen Marmeladendeckel, denn so vermeidet man beim Umstoßen größere Überschwemmungen.

### Wachskreiden

Für die Kleinen empfiehlt es sich, dicke Stifte (ohne Hülle) zu verwenden.
Es gibt Wachskreiden, die mit Lebensmittelfarbstoffen und Bienenwachs hergestellt werden. Diese Stifte sind gesundheitlich unbedenklich.

Fortsetzung Seite 32



Auflage: 6. 5. | Letzte Zahlen
Jahr: 1996 | maßgebend

frech-verlag
ISBN 3-7724-1521-0 · Best.-Nr. 1521
GmbH + Co. Druck KG Stuttgart · Druck: Frech, Stuttgart 31

**Endlich mal wieder ein eigenes Bastelbuch für die Allerkleinsten! Und Ihr werdet Euch wundern, was für tolle Sachen Euch damit gelingen – mit ein klein wenig Unterstützung von Mama oder Papa. Denn sie bereiten Eure gemeinsame Bastelstunde vor und sollen Euch auch helfen, wenn's beim Ausschneiden, Malen oder Bekleben mal gar nicht klappen will.**
**Dabei lernt Ihr ganz unterschiedliche Farben, Materialien und Basteltechniken kennen. Und noch ein Tip unter uns: Über diese kleinen selbstgebastelten Geschenke werden sich Oma und Opa sicher ganz riesig freuen!**

*Übrigens, wichtige Informationen über die Materialien und wie Ihr die Muster herstellt, findet Ihr auf Seite 2 und 32.*

**Und nun viel Spaß bei Euren gemeinsamen Bastelaktionen!**

# *Gut gebrüllt, Löwe!*

Bei einem Zoobesuch hast Du sicher schon einen gefährlichen Löwen mit seiner Zottelmähne gesehen. Wenn Du möchtest, kannst Du Dir ein solches Raubtier basteln.

**Kind**

1. Zuerst schneidest Du die aufgezeichnete Löwenform aus der Pappe heraus.

2. Für die Mähne schneidest Du von dicken Wollfäden mit der Schere etwa 5 cm lange Stücke ab. Laß Dir die Länge von Deinen Eltern zeigen.

**Eltern/Erwachsener**

Übertragen Sie die Löwenform auf die braune Pappe. Die Augen, die Nase und das Maul werden mit einem schwarzen Filzstift aufgemalt.

3. Mit dem Pinsel kleisterst Du anschließend den Ring um das Gesicht des Löwen ein – wahlweise kannst Du aber auch mit Klebstoff arbeiten. Dazu trägst Du den Klebstoff jedoch erst auf eine kleine Fläche auf, da er sonst schnell antrocknet.

4. Die geschnittenen Wollfäden drückst Du jetzt auf den Kleister rund um das Gesicht.

So erhält der Löwe seine Mähne.

Sind die Fäden zu lang geraten, schneidest Du sie, wenn die Mähne fertiggeklebt ist, noch einmal nach.

*Gut gebrüllt, Löwe!*

Zeichnungen siehe Vorlagenbogen.

**Material**
*Braune dickere Pappe*
*Dicke braune oder beige Wolle in ca. 5 cm lange Stücke geschnitten (dicke Wollreste vom Teppichknüpfen eignen sich besonders gut für die Löwenmähne).*
*Schere, Kleister oder Klebstoff, Borstenpinsel, schwarzer Filzstift*

# *Wir bemalen einen Blumentopf und bepflanzen ihn nach unseren Wünschen*

Du kannst Dein Kinderzimmerfenster mit selbstgebastelten Topfblumen schön gestalten. Diese Blumen haben den Vorteil, daß sie immer blühen und Du sie nicht gießen brauchst.

**Material**

*Weißer Tonkarton für den Topf*
*Wasserfarben zum Bemalen des Topfes (Farbe je nach Wunsch)*
*Grüner Tonkarton für das Pflanzengrün*
*Wahlweise:*
*Bunte selbstklebende Punkte*
*Ausgeschnittene Blüten aus Blumenkatalogen oder Zeitschriften*
*Bleistift, Schere, Borstenpinsel, Klebstoff*
*Schwarzer Filzstift*

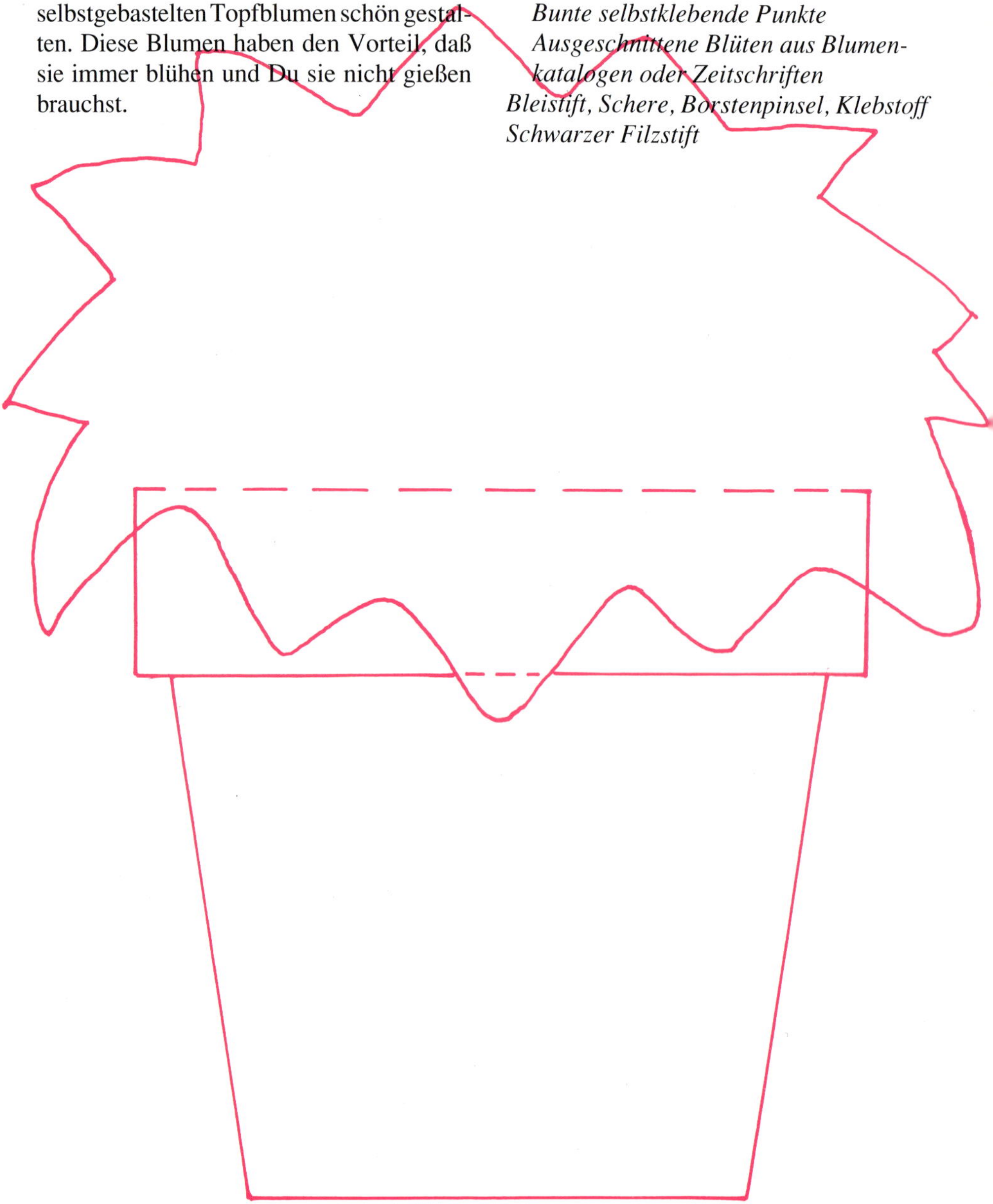

**Eltern/Erwachsener**
Übertragen Sie den Blumentopf einmal und das Grün zweimal auf Tonkarton.
Hat das Kind die Bastelarbeit beendet, wird mit einem schwarzen Filzstift der Blumentopfrand aufgemalt.

**Kind**
Als erstes schneidest Du den Blumentopf und das Grün aus.
Falls Du einen bunten Blumentopf möchtest, male ihn mit Wasserfarben an.
Wenn die Farbe getrocknet ist, klebst Du das Grün (wie auf dem Bild) von beiden Seiten gegen den Topf.
Nun kannst Du die gewünschten Blüten aufkleben.
Die selbstklebenden Marienkäfer erhältst Du in Schreibwarengeschäften.

# *Wir basteln eine Buntstiftdose*

In einer selbstgebastelten Buntstiftdose sind Deine Stifte immer griffbereit.

**Material**
*Eine Konservendose (gesäubert und vom Papier befreit). Achtung: Es dürfen wegen der Verletzungsgefahr keine scharfen Kanten an der Dose vorhanden sein.*
*Ein kleines Stück schlichte Tapete*
*Wahlweise:*
*Bunte ausgeschnittene Glanzpapiermotive oder Schnipsel*
*Selbstklebende Punkte, Marienkäfer oder dergleichen*
*Kleister, Borstenpinsel, Schere*

Du kannst in Deiner bunten Dose aber auch andere Sachen aufbewahren.

Sie eignet sich zum Beispiel auch als
**Schatzdose:**
Du kannst Ketten, Ringe, Zopfspangen, Geldstücke undvieles mehr darin sammeln.

**Murmeldose:**
Hier finden Deine Murmeln ihren Platz.

**Seindose:**
Sicher bringst Du auch einmal die verschiedensten Steinchen oder Muscheln mit nach Hause.

**Plätzchendose:**
Beklebe die Dose in der Adventszeit doch mit Goldsternchen! Mit Plätzchen gefüllt verschönert sie dann jeden Kaffeetisch!

**Süßigkeitendose:**
In dieser Dose kannst Du auch allerlei Süßes aufheben.

**Eltern/Erwachsener**
Säubern Sie die Konservendose.

Schneiden Sie ein Stück Tapete in passender Größe zu, so daß es das Kind beim Kleben gut um die Dose herumlegen kann. Ein kleiner Streifen sollte überlappen.

**Kind**
Mit den Fingern oder einem Pinsel kleisterst Du die Tapete oder die Dose von außen ein.

Danach legst Du die Tapete um die Dose herum und drückst sie mit den Händen fest an.

Nun kannst Du die Dose mit den Schnipseln, bunten Klebemotiven oder Klebepunkten verzieren.

Tiere zum
Ausmalen

# *Heute wird gefeiert! Wir fertigen Girlanden zum Fest*

Zu Deiner Geburtstagsfeier kannst Du die Räume mit selbstgebastelten Girlanden schön schmücken.

**Material**
*Geschenkpapierreste oder*
*bunte Katalogblätter*
*Kleister oder Klebstoff*
*Schere, Borstenpinsel*
*Schnur*

Papierquadrat

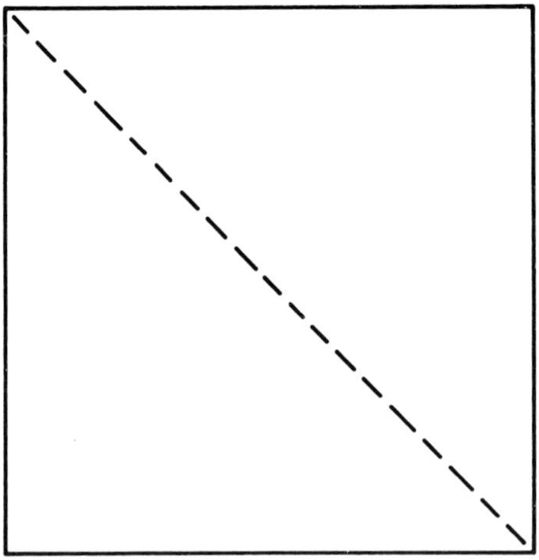

**Eltern/Erwachsener**
Schneiden Sie aus buntem Papier Quadrate.

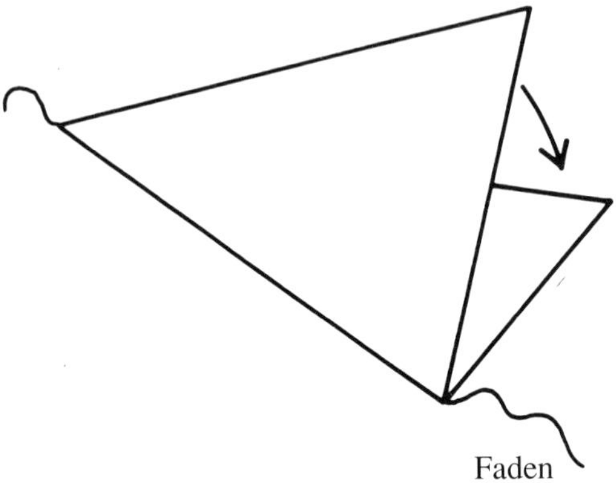


**Kind**
Zuerst faltest Du jedes Quadrat zu einem Dreieck: Du legst eine Ecke auf die gegenüberliegende und streichst das Dreieck glatt. Dann öffnest Du das Papier wieder zu einem Quadrat und bestreichst die Innenseite mit Kleister.

Das Quadrat legst Du anschließend über den gespannten Faden.

Mit beiden Händen drückst Du dann das Papier wieder zum Dreieck zusammen.

Du kannst die Girlande beliebig lang basteln.

Nun kann gefeiert werden!

## *Durchscheinende Fensterbilder*

Möchtest Du Dein Kinderzimmerfenster schön bunt gestalten, kannst Du dafür durchscheinende Fensterbilder verwenden. Genauso kannst Du aber auch Oma und Opa eine Freude damit bereiten.

**Eltern/Erwachsener**
Je nach Wunsch übertragen Sie die quadratische oder rechteckige Form des Rahmens zweimal auf den Tonkarton.
Geben Sie von den Fingerfarben jeweils einen Teelöffel voll auf einen kleinen Teller, damit die restliche Farbe klar bleibt.

**Material**
*Rahmen:*
*Rechteckig 15 x 21 cm; Stärke 1,5 cm*
*Quadratisch 15 x 15 cm; Stärke 2 cm*
*Bunter Tonkarton*
*Schere, Bleistift*
*Klebstoff*

*Bild:*
*Feste Klarsichtfolie oder klare Tageslichtprojektorfolie (Schreibwarenhandel)*
*Fingerfarbe*

**Kind**
Mit den Fingern tupfst oder malst Du die Fingerfarbe auf die Folie. Vermische die Farben nicht völlig, da sonst eine einheitliche Mischfarbe entsteht.
Bevor Du die bemalte Folie rahmst, sollte die Farbe getrocknet sein. Du rahmst Dein Bild, indem Du die Folie beidseitig mit dem Rahmen beklebst.
Falls die Fingerfarbe auf Deinem Bild eine Struktur erhalten soll, drückst Du auf die bemalte Folie ein Blatt und ziehst es langsam ab.

Du kannst sowohl die Folie als auch den Farbdruck nach dem Trocknen rahmen. Verwendest Du zum Abziehen der Folie weißes oder hellgelbes Papier, so entstehen besonders schöne Farbkonturen.

## *Katz und Elefant, die sind wohl bekannt!*

Viele Kinder mögen Tiere besonders gern. Magst Du vielleicht eine Katze oder einen Elefanten? Diese gebastelte Katze kann sogar den Kopf hin und her bewegen, der Elefant mit den Ohren wackeln.

Ergänzende Zeichnungen siehe Vorlagenbogen.

**Material**
*Helle feste Pappe*
*Schwarzer wasserfester Stift*
*Wasserfarben je nach Wunsch*
*Borstenpinsel, Schere, Bleistift*
*Eine Musterklammer (für die Katze)*

**Eltern/Erwachsener**
Übertragen Sie für die beiden Tiere die jeweils zugehörigen Teile vom Schnittbogen auf die Pappe.
Malen Sie die Augen, das Maul und die Barthaare der Katze mit einem schwarzen wasserfesten Stift.
Die gestrichelten Linien am Körper des Elefanten und am Ohr werden eingeschnitten.

**Kind**

*Katze:*

Schneide den Kopf und den Körper aus. Mit Wasserfarben bemalst Du dann diese Teile. Wenn die Farbe getrocknet ist, verbindest Du mit einer Musterklammer den Kopf mit dem Körper. Dazu steckst Du die Musterklammer durch die Nase und den am Körper markierten Punkt.

Nun kann Deine Katze den Kopf hin und her bewegen. Sieht dies nicht witzig aus?

*Elefant:*

Schneide den Körper und die Ohren aus. Dann bemalst Du die beiden Teile mit Wasserfarben.

Wenn die Farbe getrocknet ist, schiebst Du die eingeschnittenen Teile (Elefant und Ohr) ineinander. So bekommt Dein Elefant abstehende Ohren.

# *Kommt ein Käfer geflogen*

Ende Mai oder Anfang Juni siehst Du die ersten Marienkäfer auf den Blüten oder Blättern krabbeln. Schau Dir diese kleinen Gesellen einmal genau an.
Vielleicht bist Du ja so mutig, daß Du den kleinen Käfer mal über Deine Hand krabbeln läßt. Keine Angst, es kitzelt nur ein wenig.
Du kannst Dir aber auch einen eigenen Käfer basteln.

Wenn Ihr einen kleinen Garten besitzt, dann schaue doch einmal genau nach, ob dort auch Marienkäfer leben.

Falls Du einige dieser kleinen Krabbeltiere entdeckst, kannst Du Dich freuen: Deine Pflanzen brauchen sich dann nicht vor Blatt- und Schildläusen fürchten; Marienkäfer ernähren sich gern von diesen Schädlingen.

Zeichnungen siehe Vorlagenbogen.

**Material**
*Weiße Pappe für den Körper*
*Rote Wasserfarbe*
*Schwarzer Tonkarton*
*Schwarzer Filzstift*
*Klebstoff*
*Bleistift*
*Schere*
*Borstenpinsel*
*Lineal*

**Eltern/Erwachsener**
Übertragen Sie den Körper auf eine weiße Pappe und die übrigen Teile (Kopf, Flügelspitzen, Beine und Punkte) auf schwarzen Tonkarton.

Schneiden Sie alle Teile aus.

**Kind**
Du malst zuerst den Körper des Marienkäfers mit roter Wasserfarbe an.

Nach dem Trocknen der Farbe klebst Du mit ein wenig Klebstoff den Kopf, die Punkte und das Ende der Flügelchen auf.

Die Beine werden von unten an den Körper geklebt.

Mit Hilfe eines Lineals und eines schwarzen Stiftes ziehst Du in der Mitte einen Strich vom Kopf bis zum Ende des Flügelchens.

## *Wir gestalten eine Uhr*

Kannst Du schon eine Uhr lesen? Nein? – Dann bastle Dir zusammen mit Deinen Eltern eine und laß Dir von ihnen zeigen, auf welchen Zahlen die Zeiger stehen, wenn Du am Morgen aufstehst, Du zu Mittag ißt oder Dich am Abend in Dein Bett legst. So können Dir Deine Eltern nach und nach einige Uhrzeiten erklären.
Hier werden Dir nun vier einfache Techniken gezeigt, wie Du Deine Uhr gestalten kannst. Die Hilfen, die Dir von Deinen Eltern bzw. von einem Erwachsenen gegeben werden müssen, sind bei allen Techniken dieselben und werden deshalb nur einmal aufgeführt.

**Material** (für die Arbeit des Erwachsenen)
*Schwarzer Tonkarton (Zeiger)*
*Weiße Pappe oder farbiger Tonkarton (Uhr)*
*Bleistift, Filzstift*

**Eltern/Erwachsener**
Zeichnen Sie einen Kreis in der vorgegebenen Größe (Schnittbogen) auf ein Stück Pappe oder farbigen Tonkarton und die Zeiger auf schwarzen Tonkarton.
Markieren Sie am Kreis mit dem Filzstift kleine Striche für die Zahleneinteilung und den Mittelpunkt zum Anbringen der Zeiger. Malen Sie die Zahlen mit einem schwarzen Filzstift auf. (Werden anschließend die Zahlen mit Wasserfarbe übermalt, sollte ein wasserfester Stift verwendet werden.)

### Gestalten der Uhr mit buntem Glanzpapier

**Material**
*Eine Musterklammer*
*Wahlweise:*
*Formen aus buntem Glanzpapier oder dünne, bunte Papierschnipsel*
*Schere, Kleister, Borstenpinsel*

**Kind**
Schneide die Uhr und die Zeiger aus. Beklebe die Uhr mit den bunten Glanzpapierschnipseln. Befestige nun mit der Musterklammer die Zeiger.

### Gestalten der Uhr mit Fingerfarbe

**Material**
*Fingerfarbe (eine oder verschiedene)*
*Musterklammer*
*Schere*

**Kind**
Schneide die Uhr und die Zeiger aus. Tupfe mit dem Zeigefinger (oder mit einem Korken) die Fingerfarbe auf die Uhr. Befestige nach dem Trocknen der Farbe die Zeiger mit der Musterklammer.

### Gestalten der Uhr mit Wachskreiden

**Material**
*Wachskreiden*
*Musterklammer*
*Schere*

**Kind**
Schneide die Uhr und die Zeiger aus. Bemale die Uhr mit Wachskreide. Befestige nun mit der Musterklammer die Zeiger.

Zeichnungen siehe Vorlagenbogen.

## Gestalten der Uhr mit Wasserfarbe

**Material**
*Musterklammer*
*Wasserfarbe, Borstenpinsel*
*Schere*

**Kind**
Schneide die Uhr und die Zeiger aus. Bemale die Uhr mit Wasserfarbe. Befestige nach dem Trocknen der Farbe die Zeiger mit der Musterklammer.

## *Nun kann der Osterhase kommen*

### Wir basteln Konfetti- und Transparenteier

Bald kommt der Osterhase, und alles wird österlich geschmückt. Es ist schön, wenn Du die Zweige mit selbstbeklebten Eiern dekorierst.

### Konfettieier – je bunter desto schöner

**Material**
*Weiße oder gelbe Plastikeier*
*Buntes Konfetti (am besten verwendest Du groß gelochtes Konfetti; Du erhältst es vor allem zur Karnevalszeit)*
*Kleister, evtl. Klebstoff*
*Borstenpinsel*
*Schaschlikspieße*
*Blumentopf oder ein Stück Styropor*
*Faden und Streichhölzer*

**Eltern/Erwachsener**
Stecken Sie das Ei auf einen Schaschlikspieß, da Ihr Kind das Ei so besser beim Basteln halten kann; eventuell muß die Öffnung des Eies mit einer spitzen Schere ein wenig vergrößert werden.
Basteln Sie mit sehr kleinen Kindern, dann halten Sie das Ei fest und Ihr Kind streut das Konfetti darüber.

Hat das Kind die Bastelarbeit beendet und ist das Ei getrocknet, befestigen Sie einen Faden an dem Ei, damit Ihr Kind sein Kunstwerk aufhängen kann. Knoten Sie dazu den Faden z. B. an ein abgebrochenes Streichholz; schieben Sie es danach in die Öffnung des Eies.

**Kind**
Zuerst streichst Du mit den Fingern oder dem Pinsel das Ei mit Kleister ein. Dann wasche Deine Hände gründlich, da sonst das Konfetti an den Fingern kleben bleibt. Schütte in ein kleines Schälchen Konfetti hinein. Mit den Fingern nimmst Du ein wenig heraus und streust es über das Ei. Dabei drehst Du das Ei ein wenig, damit die bunten Punkte überall haften bleiben.
Zum Trocknen steckst Du den Schaschlikspieß mit dem Ei in einen Blumentopf oder ein Stück Styropor.
Ist das Ei getrocknet und haben Deine Eltern einen Faden daran befestigt, kannst Du damit einen Osterstrauch nett schmücken.

### Transparenteier

Der Osterzweig sieht besonders schön aus, wenn Du verschiedene Arten von selbstgebastelten bunten Eiern daranhängst.
Zu den zuvor genannten Konfettieiern sehen die Transparenteier hübsch aus.

**Material**
*Weiße oder gelbe Plastikeier*
*Buntes Transparentpapier*
*Kleister, Borstenpinsel, Schere*
*Schaschlikspieße*
*Blumentopf oder ein Stück Styropor*

**Eltern/Erwachsener**
Stecken Sie das Ei wie beim Konfetti-Ei auf einen Schaschlikspieß. Befestigen Sie es nach der Fertigstellung an einem Faden.

**Kind**
Von dem Transparentpapier reißt oder schneidest Du kleine Schnipsel ab. Danach reibst Du mit einem Pinsel oder mit den Fingern das Ei vollständig mit Kleister ein und drückst dann mit den Fingern die Transparentschnipsel an. Damit das Papier voll-

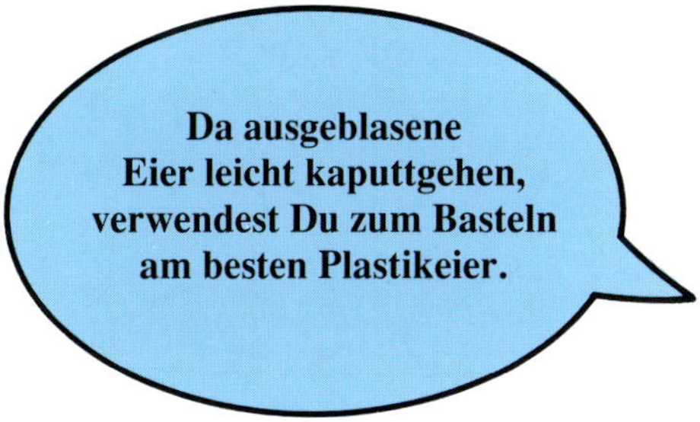

ständig am Ei haftet, streichst Du mit den Fingern nochmal darüber. Kleister wird nach dem Trocknen durchsichtig.
Durch das Übereinanderkleben der verschiedenen Schnipsel erzielst Du wunderschöne Farbeffekte.
Stecke das Ei zum Trocknen mit dem Spieß in einen Blumentopf oder in Styropor.
Nun kannst Du den Osterstrauch schmükken, und der Osterhase kann kommen!

*Bei Rot bleib stehen,*
*bei Grün kannst Du gehen!*

## Wir basteln eine Ampel

Bei einer Autofahrt oder während eines Spaziergangs durch die Stadt schaust Du Dir mit Deinen Eltern eine Ampel einmal genau an. Laß Dir dabei von Vater und Mutter ihre Funktion erklären. Dann kannst Du beim Basteln die Farblichter sicher richtig anordnen.

**Eltern/Erwachsener**
Zeichnen Sie die Ampelform in vorgegebener oder gewünschter Größe sowie drei gleich große Kreise auf. Danach schneiden Sie alle Formen aus.
Geben Sie kleineren Kindern jeweils nur ein Farbtöpfchen, so daß beim Malen klare Farben entstehen. Es sollte auch jeweils der Pinsel ausgewaschen und das Wasser zum Befeuchten der Farbe gewechselt werden.

**Material**
*Schwarzer Tonkarton*
*Weißes Papier zum Anmalen*
*Wasserfarben: Rot, Gelb, Grün*
*Schere, Klebstoff, Pinsel, Bleistift*

**Kind**
Du malst jeweils einen Kreis mit roter, gelber und grüner Wasserfarbe an. Während die Farbe trocknet, überlege, in welcher Reihenfolge Du die Farbkreise anordnen mußt. Ist die Farbe trocken, trage auf die Rückseite der Kreise den Klebstoff auf und klebe sie in richtiger Reihenfolge auf. Von oben nach unten: Rot, Gelb, Grün.
Wenn Du schon vier Jahre alt bist, kannst Du sicherlich die farbigen Kreise mit der Prickelnadel ausstechen.

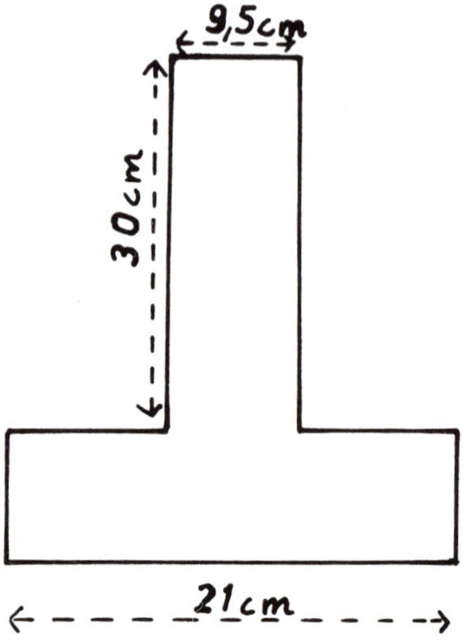


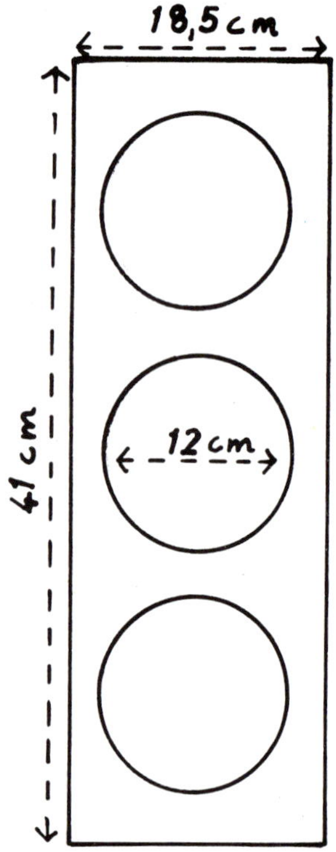

ABS
PLASTIK
MINI-VAN
Fisher-Price

## *Ein Seidenbild für Mutti!*

Auch wenn Du erst zwei Jahre alt bist, kannst Du schon für Deine Mutti ein wunderschönes buntes Seidenbild basteln.

Sicher hilft Dir Dein Vater bei der Herstellung – damit es für Deine Mutter auch wirklich eine Überraschung wird! So kannst Du ihr dieses kleine Kunstwerk zum Beispiel am Muttertag, Geburtstag oder zu anderen Anlässen schenken. Sie wird sich über diesen bunten Tür- oder Wandschmuck sicher freuen.

**Kind**
Als erstes legst Du ein kleines Stoffstück auf die ausgeschnittene Styroporplatte. Den Schaschlikspieß drückst Du auf die Mitte des Stoffes.

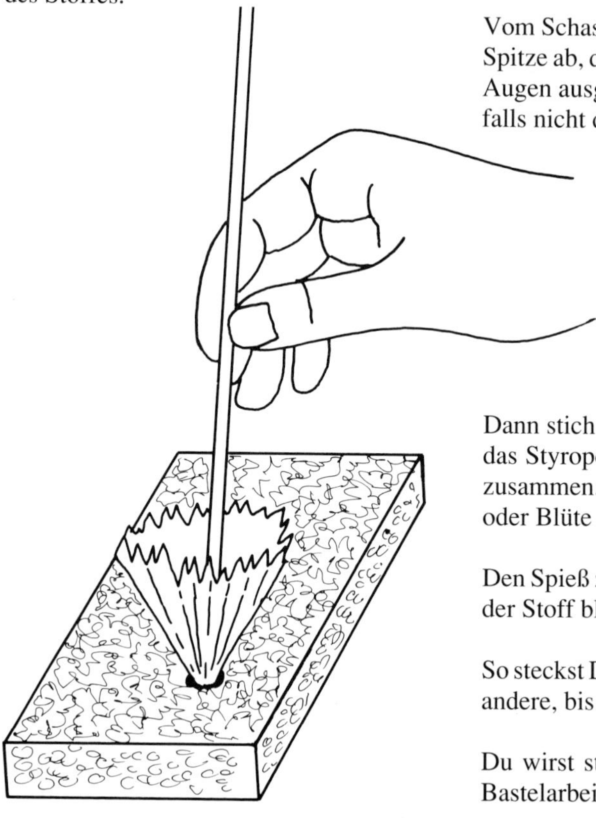

**Material**
*Reste von Seiden- oder Futterstoffen in den verschiedensten Farben*
*Zackenschere*
*Styropor in etwa 4 cm Stärke (in Plattenform im Baustoffhandel erhältlich)*
*Scharfes Messer*
*Dickerer Schaschlikspieß (Spitze abbrechen) oder Ähnliches*

**Eltern/Erwachsener**
Schneiden Sie mit der Zackenschere etwa 4 cm große Quadrate aus den Seiden- oder Futterstoffen.

Aus der Styroporplatte wird je nach Wunsch ein beliebig großes Stück mit einem scharfen Messer herausgeschnitten.

Vom Schaschlikspieß brechen Sie bitte die Spitze ab, da so eine Verletzungsgefahr der Augen ausgeschlossen und der Stoff ebenfalls nicht durchstochen wird.

Dann stichst Du den Stoff mit dem Stab in das Styropor, dabei zieht sich der Stoff so zusammen, daß er wie eine kleine Knospe oder Blüte aussieht.

Den Spieß ziehst Du danach wieder heraus, der Stoff bleibt im Styropor haften.

So steckst Du nun ein Stück Stoff neben das andere, bis ein buntes Bild entsteht.

Du wirst staunen, wieviel Spaß Dir diese Bastelarbeit bereitet!

# Vie der Igel zu seinen Stacheln kam

Hast Du schon einmal einen Igel beobachtet? Dann hast Du ihn aber sicherlich nicht gestreichelt, denn die spitzen Stacheln piksen ganz schön.

Wenn Du Dir einen Igel basteln möchtest, suche Dir im Herbstwald viele Bucheckernhülsen, die Dir beim Basteln als Stacheln dienen.

Zeichnungen siehe Vorlagenbogen.

**Material**

*Graue feste Pappe*
*Steckmasse für Trockengestecke*
*Borstenpinsel*
*Bucheckernhülsen*
*Bleistift, Schere, Messer*
*Klebstoff und Kleister*

**Eltern/Erwachsener**

Übertragen Sie die Igelform (groß und klein) auf eine graue Pappe. Der Rücken des Igels wird noch einmal separat ausgeschnitten, er dient als Schablone für die Steckmasse.

Teilen Sie den Trockensteckblock mit einem scharfen Messer in Scheiben auf, aus denen jeweils ein großes und ein kleines Rückenteil herausgeschnitten wird. Mit reichlich Klebstoff wird die Steckmasse auf die Pappe geklebt.

**Kind**

Die Steckmasse auf dem Rückenteil des Igels pinselst Du mit Kleister ein, da die Bucheckernhülsen dann besser haften bleiben. Danach drückst Du die Bucheckernhülsen mit dem Stiel zuerst in die Steckmasse.

Du kannst den Igel auch in eine Landschaft aus Blättern und Moos, die Du auf eine große Pappe klebst, hineinsetzen.

# *Wir bekleben eine Baumform mit gepreßten Blättern*

Schöne Tage im Herbst laden Dich und Deine Eltern zu einem Spaziergang durch den bunten Blätterwald ein. Dabei kannst Du viele verschiedene bunte Blätter sammeln. Schau Dir die unterschiedlichen Blattformen und Baumarten an und laß Dir von Deinen Eltern erklären, wie die Bäume heißen und welche Blätter zu welchem Baum gehören.

**Trocknen der Blätter**
Zu Hause legt Ihr die Blätter einzeln zum Trocknen zwischen Zeitungspapier. Beschwert nun die Zeitungen mit dicken Büchern, damit die Blätter schön glatt bleiben. Das Trocknen der Blätter dauert etwa eine Woche.

**Material**
*Brauner, dicker, fester Karton – zu dünner Karton wellt sich durch den Kleister.*
*Gepreßte, bunte Blätter*
*Klebstoff oder Kleister*
*Schere, Borstenpinsel*

**Eltern/Erwachsener**
Schneiden Sie aus der festen Pappe eine Baumform heraus.

**Kind**
Trage mit einem Pinsel den Kleister dünn auf die Baumform auf, der Stamm bleibt frei. Drücke dann die Blätter nach und nach auf die Form.

Wenn Du die Baumform mit Blättern vollgeklebt hast, solltest Du den Baum, während der Kleister trocknet, beschweren, da er sich beim Trocknen ansonsten leicht wellt. Wenn Du Klebstoff anstatt Kleister verwendest, vermeidest Du, daß der Baum sich verzieht; Du brauchst ihn dann nicht mehr beschweren.

***Tip:***
*Falls Du lieber Klebstoff verwenden möchtest, bestreiche zunächst nur eine kleine Fläche, da der Klebstoff schnell trocknet.*

Möchtest Du den Baum hinter Glas rahmen, mußt Du statt der dicken Pappe braunen Tonkarton zum Aufkleben verwenden. Die getrockneten Blätter klebst Du dann am besten mit Klebstoff auf.
Über solch ein Geschenk werden sich Oma und Opa sicher auch sehr freuen!

# *Die schönen Schäfchen gehören mir!*

Vielleicht hast Du im Urlaub oder sonst irgendwo schon einmal eine große Schafherde gesehen. Besonders das Fell der Lämmer ist weich und flauschig. Die großen Tiere haben ein dichtes, langes Fell, damit sie nicht frieren müssen. Daraus wird Wolle gewonnen, die man z. B. zum Stricken von Pullovern verwendet. Besitzt Du auch einen Pullover aus Schafwolle?
Wenn Du möchtest, kannst Du Dir eine ganze Schafherde basteln.

**Eltern/Erwachsener**
Übertragen Sie die Schäfchen (Körper und Kopf getrennt) auf die Pappe. Mund und Augen werden mit einem schwarzen Filzstift aufgemalt.

**Material**
*Feste weiße Pappe*
*Schere, Bleistift, schwarzer Filzstift*
*Kleister oder Klebstoff*

*Borstenpinsel*

**Kind**
Zuerst schneidest Du die Schäfchen aus. Danach pinselst Du den Körper mit dem Kleister ein. Nun zupfst Du aus dem Wattebausch kleine Watteflocken und drückst sie auf die eingekleisterte Form.

Anschließend wird der Kopf aufgeklebt. Wenn Du die Schäfchen in eine Landschaft einbetten möchtest, benötigst Du eine große, feste braune Pappe. Die dazugehörigen Utensilien wie Baumstämme, Tannen und Häuser befinden sich auf dem Schnittbogen.

Ergänzende Zeichnungen siehe Vorlagenbogen.

**Fingerfarben**
Beim Kauf der Fingerfarben sollte man darauf achten, daß sie den freiwilligen Vereinbarungen über Fingermalfarben entsprechen.
Verwendet man die Farben mit jüngeren Kindern, muß man aufpassen, daß die Farbe nicht in den Mund gelangt.
Fingerfarben lassen sich sehr gut mit Wasser verdünnen, man sollte sie dann jedoch bald verbrauchen.
Zum Malen gibt man mit einem Teelöffel die gewünschte Menge auf eine Untertasse. Falls Ihr Kind die Farbe nicht mit den Fingern auftragen möchte, geben Sie ihm einen Borstenpinsel oder ermutigen Sie es, mit den Fingern zu malen, indem Sie es ihm vormachen.

**Natur-Malfarbe** (Pelikan, Flora-Lora)
Diese Farbe ist wie Fingerfarbe zu handhaben. Sie enthält umweltschonende Farben aus Roter Beete, Brennesseln, usw.

**Wasserfeste Stifte**
Diese Stifte sind wischfest. Sie sollten jedoch *nur von den Erwachsenen* benutzt werden.
Sie eignen sich besonders zum Malen von Augen, Nase, Mund, usw. und können mit Wasser oder Fingerfarbe gut übermalt werden.

## Malkittel

Da sich Wasserfarbenflecken schlecht aus Kleidungsstücken entfernen lassen, sollten die Kinder beim Basteln einen Malkittel tragen. Dazu kann ein altes Oberhemd dienen, das man auf dem Rücken zuknöpft. Die Ärmel werden mit der Schere auf die passende Länge gekürzt.

## Malunterlage

Als Malunterlage dienen alte Zeitungen oder abwaschbare Tischdecken.

## Pinsel

Die Kleinen sollten zum Malen Borstenpinsel Nr. 8, 9 oder 10 verwenden. Haarpinsel sind für dieses Alter ungeeignet.

## Papier

Im Haushalt oder vor allem in Lebensmittelgeschäften fallen oft schöne, feste, helle Pappen als Abfall an. Diese sind zum Basteln sehr geeignet.
Je nach dem Bastelangebot wählt man zwischen Tonpapier oder Tonkarton.

## Klebstoff

Als Klebemittel bietet sich sehr gut Tapetenkleister an. Er ist billig und auswaschbar. Es gibt sogar einen Bastelkleber für Kinder.

## Scheren

Zum Schneiden gibt es spezielle Kinderscheren (die Spitzen sind abgerundet). Erste Schneideübungen sollten *nur unter Aufsicht* erfolgen.

## *Wichtig!*

*Bei der Arbeit mit Farben oder Kleister werden die bearbeiteten Papiere oft wellig, was jedoch wieder beseitigt werden kann. Die getrockneten Papiere legt man einige Zeit zwischen Zeitungen oder Kataloge und beschwert diese. So erhalten die Papiere ihre ursprüngliche Form zurück.*